w oryginale
**wielkie
powieści**

Czytamy w oryginale

James Matthew Barrie
Peter Pan
Piotruś Pan

Autor adaptacji:
Scotia Victoria Gilroy

Tłumaczenie adaptacji na język polski:
Redakcja

Projekt graficzny i ilustracje: Małgorzata Flis

Skład: Marek Szwarnóg

wydawnictwo 44.pl

Global Metro Sp. z o.o.
ul. Juliusza Lea 231
30-133 Kraków

Druk i oprawa: OSDW Azymut Sp. z o.o.

ISBN: 978-83-63035-69-3

czytamy
w oryginale

James Matthew Barrie

Peter Pan
Piotruś Pan

adaptacja w wersji angielsko-polskiej

wydawnictwo

44.pl

I. THE NEVERLAND

Mrs Darling first heard of Peter one night while she was tidying up her children's minds. It is the nightly duty of every good mother after her children are asleep to look after their minds and set things straight for the next morning, putting into their proper places the many objects that have moved out of place during the day.

I. NIBYLANDIA

Pani Darling po raz pierwszy dowiedziała się o Piotrusiu pewnej nocy, gdy porządkowała myśli swych dzieci. To conocne zadanie każdej dobrej mamy, podczas gdy dzieci śpią: opiekowanie się ich myślami i sprzątanie spraw na najbliższy poranek, układanie we właściwym porządku tych wszystkich rzeczy, które wypadły ze swego miejsca w ciągu dnia.

If you could stay awake (but of course you can't) you would see your own mother doing this, and it would be very interesting to watch her. It is just like tidying up drawers. You would see her on her knees, gazing with a smile at some of the contents, wondering where you had picked something up, making discoveries sweet and not so sweet, stroking one thing as if it were as nice as a kitten, and quickly hiding something else out of sight. When you wake up in the morning, the terrible thoughts and evil passions with which you went to bed have been folded up small and placed at the bottom of your mind; while on the top, clean and fresh, are spread out your prettier thoughts, ready for you to put on.

Mrs Darling's children, Wendy, John, and Michael, slept in three identical beds side-by-side in their nursery. While tidying up their minds at night, Mrs Darling always found the Neverland. The Neverland always looked like an island, with bright colours everywhere, and beaches and harbours and scary-looking ships floating on the waves, and pirates and caves with rivers running through them.

But, of course, the Neverland always varied a lot. John's, for instance, had a lake with flamingoes flying over it, which John was shooting at, while Michael, who was very small, had a flamingo with a lake flying over it. John lived in a boat turned

Gdybyś mógł nie zasnąć (ale oczywiście nie możesz), zobaczyłbyś, jak robi to twoja mama i podglądanie jej wtedy byłoby bardzo interesujące. To jak porządkowanie szuflad. Ujrzałbyś ją klęczącą, patrzącą z uśmiechem na niektóre sprawy, zastanawiającą się, skąd coś wziąłeś, dokonującą odkryć, rozkosznych i tych mniej przyjemnych, głaszczącą jakąś rzecz, jakby była milutka jak kociak, i chowającą szybko coś innego. Kiedy budzisz się rano, straszne myśli i złe uczucia, z którymi kładłeś się spać, są starannie poskładane i ułożone na dnie głowy, podczas gdy na samym wierzchu, czyste i świeże, rozłożone są myśli najpiękniejsze, gotowe do ubrania.

Dzieci pani Darling, Wendy, John i Michael, spały w pokoju dziecinnym w trzech identycznych, ustawionych obok siebie łóżkach. Sprzątając nocą ich myśli, pani Darling zawsze znajdywała Nibylandię. Nibylandia przypominała wyspę, całą w jasnych kolorach, z plażami, portami i przerażającymi statkami unoszącymi się na falach, piratami i jaskiniami, przez które przepływały rzeki.

Ale, rzecz jasna, Nibylandie mogą być różne. Na przykład w Nibylandii Johna było jezioro z fruwającymi nad nim flamingami, do których John strzelał, podczas gdy u Michaela, który był bardzo mały, był flaming, a nad nim latało jezioro. John mieszkał w łódce odwróconej

upside down on the sand, Michael in a wigwam, and Wendy in a house of leaves carefully sewn together. John had no friends, Michael had friends only at night, and Wendy had a pet wolf left by its parents; but it was easy to see that the different Neverlands had a family resemblance and that they were all connected.

Of all the wonderful islands in the world the Neverland is the coziest and the most compact; not large with boring distances between one adventure and another, but nicely packed. When you pretend to be there in the day with the chairs and table-cloth, it is not frightening at all, but in the two minutes before you go to sleep it becomes very, very real.

In her travels through her children's minds Mrs Darling often found the Neverland. Occasionally, however, she found things she could not understand, and of these the most confusing was the word 'Peter.' She didn't know any Peter, and yet he was here and there in John and Michael's minds, while Wendy's began to be written all over with him. The name stood out in larger letters than any of the other words.

'But who is he, my dear?' she asked Wendy.

'He is Peter Pan, you know, mother.'

At first Mrs Darling did not know, but after thinking back into her childhood she remembered

do góry dnem na piasku, Michael w wigwamie, a Wendy w domku z liści, starannie zszytych razem. John nie miał żadnych przyjaciół, Michael miewał ich tylko nocą, a Wendy miała wilczka porzuconego przez rodziców; łatwo było jednak dostrzec, że poszczególne Nibylandie miały rodzinne podobieństwa i były spokrewnione.

Spośród wszystkich cudownych wysp świata Nibylandia jest najprzytulniejsza i najlepiej zorganizowana; to nie jakiś ogromny teren, z nudnymi przestrzeniami pomiędzy jedną i drugą przygodą – tam wszystko jest przyjemnie poukładane. Jeśli bywasz tam za dnia, za stołem nakrytym obrusem i z krzesłami wokół, nie dzieje się nic przerażającego, ale na dwie minuty przed zaśnięciem, wszystko staje się bardzo, bardzo prawdziwe.

W podróżach przez myśli dzieci pani Darling często odkrywała Nibylandię. Od czasu do czasu, jednakże, natrafiała na rzeczy, których nie mogła zrozumieć, a wśród nich najbardziej zagmatwane było słowo „Piotruś". Nie znała żadnego Piotrusia, tymczasem pojawiał się on tu czy tam w myślach Johna i Michaela, a myśli Wendy były nim coraz gęściej zapisane. Imię to wyróżniało się większymi literami spośród innych słów.

– Ale kto to jest, moja droga? – pani Darling pytała Wendy.

– To Piotruś Pan, no wiesz, mamo.

Początkowo pani Darling nie wiedziała, ale sięgając myślami wstecz do swego dzieciństwa, przypomniała

the Peter Pan who people said lived with the fairies. She had believed in him at the time, but now
that she was married and full of sense she doubted
whether such a person really existed.

'Besides,' she said to Wendy, 'he would be grown
up by this time.'

'Oh no, he isn't grown up,' Wendy assured her
confidently, 'and he is just my size.'

Mrs Darling decided to forget all about it. But
soon it was clear that this would be impossible.

One morning, some tree leaves were found
on the nursery floor, which certainly had not
been there when the children went to bed.

sobie Piotrusia Pana, który, jak mówiono, mieszkał z wróżkami. Wierzyła w niego wówczas, jednak teraz, gdy była zamężna i taka rozsądna, wąt-
piła, by mógł on naprawdę istnieć.

– Poza tym – powiedziała do Wendy – już by do-
rósł do tego czasu.

– Och nie, nie jest dorosły – zapewniła ją Wendy
z przekonaniem – i jest dokładnie mojego wzrostu.

Pani Darling postanowiła puścić to w niepamięć.
Wkrótce jednak okazało się, że nie będzie to możliwe.

Pewnego ranka na podłodze pokoju dziecinnego
leżało kilka liści z drzew, których z całą pewno-
ścią nie było tam, kiedy dzieci kładły się do łóżka.

Mrs Darling was looking at them, puzzled, when Wendy said with a smile:

'Peter must have been here again.'

'What do you mean, Wendy?'

'It is so naughty of him not to wipe his shoes,' Wendy said, sighing. She was a tidy child.

Wendy explained to her mother that she thought Peter sometimes came to the nursery at night and sat on the foot of her bed and played music on his pipes to her. Unfortunately she never woke up. She didn't know how she knew he was there; she just knew.

'What nonsense! No one can get into the house without knocking.'

'I think he comes in through the window,' Wendy answered.

'My dear, it is three floors up.'

'Weren't the leaves under the window, mother?'

It was quite true; the leaves had been found very near the window. Mrs Darling examined the leaves very carefully, and she was sure they did not come from any tree that grew in England.

The next night the children were once more in bed. Mrs Darling sang to them till one by one they let go of her hand and entered the land of sleep. Mrs Darling sat quietly by the fire. The fire was warm, and the nursery dark, and soon she was asleep.

Pani Darling spojrzała na nie zdziwiona, a Wendy stwierdziła z uśmiechem:

– Piotruś musiał tu znowu być.

– Co masz na myśli, Wendy?

– To takie niegrzeczne z jego strony, że nie wyciera butów – rzekła Wendy, wzdychając. Była porządnym dzieckiem.

Wendy wyjaśniła matce, że według niej Piotruś czasem przychodzi w nocy do pokoju dziecinnego, siada w nogach jej łóżka i gra dla niej na fujarkach. Niestety, ona nigdy się wtedy nie budzi. Nie umiała powiedzieć skąd wie, że on był; ale po prostu to wiedziała.

– Ależ to nonsens! Nikt nie może wejść do domu bez pukania.

– Myślę, że on wchodzi przez okno – odparła Wendy.

– Moja droga, to trzecie piętro.

– Czyż nie było liści pod oknem, mamo?

Właściwie to prawda; liście znaleziono bardzo blisko okna. Pani Darling przyjrzała się im bardzo uważnie i była pewna, że nie pochodzą z żadnego drzewa rosnącego w Anglii.

Następnego dnia wieczorem dzieci były znów w łóżkach. Pani Darling śpiewała im tak długo, aż jedno po drugim wymykały się z jej rąk, by wejść do krainy snu. Pani Darling cicho przysiadła przy kominku. Ogień był ciepły, w pokoju dziecinnym było ciemno, wkrótce więc zasnęła.

While she slept, the window of the nursery blew open, and a boy dropped onto the floor. He was accompanied by a strange light, no bigger than your fist, which flew about the room.

Mrs Darling suddenly woke up, and saw the boy, and somehow she knew at once that he was Peter Pan. He was a lovely boy, dressed in tree leaves. When he saw that she was a grown-up, he gave her a nasty look.

Mrs Darling screamed, and, in answer, Nana, the family dog, came running in. She growled and jumped at the boy, who jumped lightly through the window. Mrs Darling ran over and looked out the window into the street for him, but he was not there. She looked up and in the black night she could see nothing – just something small that looked like a shooting star.

In the nursery, Nana had something in her mouth. It was the boy's shadow! As the boy leaped at the window Nana had closed it quickly, too late to catch him, but his shadow had not had time to get out. The window had torn it off.

Mrs Darling examined the shadow carefully, but it was just the ordinary kind. She wasn't sure what to do with it at first. But finally she decided to roll the shadow up and put it away carefully in a drawer.

Kiedy spała, podmuch otworzył okno w pokoju i na podłogę spadł chłopiec. Towarzyszyło mu dziwne światło, nie większe niż wasza piąstka, fruwające po całym pokoju.

Pani Darling nagle się obudziła, zobaczyła chłopca i po prostu od razu wiedziała, że to Piotruś Pan. Był ślicznym chłopcem, przyodzianym w liście drzew. Kiedy spostrzegł, że jest dorosła, rzucił jej nieprzyjazne spojrzenie.

Pani Darling krzyknęła i w odpowiedzi Nana, domowy pies, wpadła do pokoju. Warczała i obskakiwała chłopca, który zwinnie wyskoczył przez okno. Pani Darling podbiegła i wyjrzała za nim na ulicę, lecz tam go nie było. Spojrzała w górę, ale w ciemnościach nie zobaczyła nic – oprócz czegoś małego, przypominającego spadającą gwiazdę.

W pokoju dziecinnym Nana trzymała coś w pysku. Był to cień chłopca! Kiedy przeskakiwał przez okno, Nana szybko je zamknęła – zbyt późno, by złapać chłopca, ale jego cień nie zdążył uciec. Okno go przytrzasnęło.

Pani Darling dokładnie obejrzała cień, ale był całkiem zwyczajny. W pierwszej chwili nie była pewna, co z nim zrobić. W końcu postanowiła zwinąć go i ostrożnie schować do szuflady.

II. PETER'S SHADOW

A week later, Mr and Mrs Darling were invited to a party down the street. Mrs Darling came into the nursery, and went from bed
to bed singing to the children before they fell
asleep.

For a moment after Mr and Mrs Darling left the
house, the night-lights by the beds of the three
children continued to burn brightly. But then

II. CIEŃ PIOTRUSIA

Tydzień później pan i pani Darling byli zaproszeni na przyjęcie do sąsiadów z tej samej ulicy. Pani Darling weszła do pokoju dziecięcego i przechodząc od łóżka do łóżka, śpiewała dzieciom przed snem.

Chwilę po tym, jak pan i pani Darling wyszli z domu, nocne lampki przy łóżkach dzieci dalej świeciły jasnym światłem. Potem jednak

Wendy's light blinked and gave such a yawn that the other two yawned also, and before they could close their mouths all three of them went out.

There was another light in the room now, a thousand times brighter than the night-lights, and in the time we have taken to say this, it has been in all the drawers in the nursery, looking for Peter's shadow, searching through the wardrobe and turning every pocket inside out. It was not really a light; it made this light by flashing about so quickly, but when it came to rest for a second you saw it was a fairy, no larger than your hand. It was a girl called Tinker Bell, dressed in a beautiful tree leaf.

A moment after the fairy's entrance the window was blown open and Peter dropped in. He had carried Tinker Bell part of the way, and his hand was still covered with fairy dust.

'Tinker Bell,' he called softly, after making sure that the children were asleep. 'Tink, tell me, where do you think they put my shadow?'

A lovely tinkle, like the sound of golden bells, answered him. It was fairy language.

Tinker Bell said that the shadow was in the big box. She meant the chest of drawers, and Peter jumped at the drawers, throwing their contents all over the floor with both hands. In a moment he had found his shadow, and he was so delighted that he didn't realise he had shut Tinker Bell in the drawer.

światło Wendy zamrugało i tak ziewnęło, że dwa pozostałe też ziewnęły i zanim zamknęły usta, wszystkie trzy zgasły.

W pokoju świeciło teraz inne światło, tysiąc razy jaśniejsze od lampek nocnych, i w czasie, gdy o tym mówimy, w poszukiwaniu cienia Piotrusia dotarło do wszystkich szuflad w pokoju, przejrzało szafę i wywróciło na wierzch wszystkie kieszenie. Właściwie nie było to światło; świeciło migocząc w locie, ale kiedy na sekundę odpoczywało, można było zobaczyć, że to wróżka, nie większa niż wasza dłoń. Była to dziewczynka zwana Dzwoneczkiem, ubrana w śliczny listek.

Chwilkę po wejściu wróżki podmuch otworzył okno i wskoczył Piotruś. Przez część drogi niósł Dzwoneczka, a jego ręka nadal była pokryta magicznym pyłem.

– Dzwoneczku – zawołał cicho, upewniwszy się, że dzieci śpią. – Powiedz mi, Dzwoneczku, jak myślisz, gdzie położyli mój cień?

Odpowiedziało mu cudne dzwonienie, przypominające dźwięk złotych dzwonów. Był to język wróżek.

Dzwoneczek powiedziała, że cień jest w dużym pudełku. Miała na myśli komodę, Piotruś skoczył w stronę szuflad, obiema rękami wyrzucając całą ich zawartość na podłogę. Po chwili odnalazł swój cień i był tak zachwycony, że nie zorientował się, iż w szufladzie zamknął Dzwoneczka.

Peter thought that he and his shadow, when brought near each other, would join together like drops of water. When they did not, he was shocked. He tried to stick it on with soap from the bathroom, but that didn't work either. He became very sad, and he sat on the floor and cried.

His sobs woke Wendy, and she sat up in bed. She was not alarmed to see a stranger crying on the nursery floor; she was only pleasantly interested.

'Boy,' she said politely, 'why are you crying?'

Peter didn't answer. Instead, he asked, 'What's your name?'

Piotruś sądził, że on i jego cień, postawieni obok siebie, połączą się jak krople wody. Gdy tak się nie stało,
był wstrząśnięty. Próbował przykleić cień za pomocą
mydła z łazienki, ale to też nie zadziałało. Bardzo po-
smutniał, usiadł na podłodze i się rozpłakał.

Łkanie obudziło Wendy, która usiadła na łóżku.
Nie była zaniepokojona, widząc nieznajomego pła-
czącego na podłodze pokoju; była jedynie przyjemnie zaciekawiona.

– Chłopczyku – powiedziała grzecznie – dlaczego
płaczesz?

Piotruś nie odpowiedział. Zamiast tego zapytał:

– Jak masz na imię?

'Wendy Angela Darling,' she replied. 'What's your name?'

'Peter Pan.'

He didn't really need to tell her this; she was already sure that he was Peter. She asked where he lived.

'Second to the right,' said Peter, 'and then straight on till morning.'

'What a funny address.'

'No it isn't,' he said.

'I mean,' Wendy said nicely, remembering that she was the hostess, 'is that what they put on letters to you?'

He wished she had not mentioned letters.

'I don't get any letters,' he said sadly.

'But your mother gets letters, doesn't she?'

'I don't have a mother,' he said. Not only did he not have a mother, but he certainly didn't want one. Wendy, however, felt at once that this was very tragic.

'Oh Peter, no wonder you were crying,' she said.

'I wasn't crying about mothers,' he said rather angrily. 'I was crying because I can't get my shadow to stick on. Besides, I wasn't crying.'

'Has it come off?'

Then Wendy saw the shadow on the floor, and felt sorry for Peter. 'How awful!' she said, but she smiled when she saw that he had been trying to stick it on with soap. Just like a boy!

Fortunately she knew at once what to do. 'It must be sewn on,' she said.

– Wendy Angela Darling – odparła. – A ty?

– Piotruś Pan.

Tak naprawdę nie musiał jej tego mówić; była pewna, że to Piotruś. Spytała, gdzie mieszka.

– Druga na prawo – rzekł Piotruś – i prosto, aż do rana.

– Co za śmieszny adres.

– Wcale nie – odparł.

– Chodzi mi o to – powiedziała Wendy uprzejmie, pamiętając, że jest gospodynią – czy tak właśnie adresowane są listy do ciebie?

Wolałby, żeby nie wspominała o listach.

– Nie dostaję żadnych listów – odrzekł smutno.

– Ale twoja mama je dostaje, prawda?

– Ja nie mam mamy – odpowiedział. Nie tylko nie miał mamy, ale nawet nie chciał jej mieć. Wendy jednak poczuła, że to bardzo przykre.

– Och, Piotrusiu, nic dziwnego, że płakałeś.

– Nie płakałem z powodu mam – stwierdził nieco rozzłoszczony. – Płakałem, bo nie mogę przykleić mojego cienia. Poza tym, wcale nie płakałem.

– Odpadł?

Wtedy Wendy zobaczyła na podłodze cień i zrobiło jej się żal Piotrusia.

– Ależ to straszne! – powiedziała, lecz uśmiechnęła się, widząc, że Piotruś próbował przykleić go mydłem. Cały chłopak!

Na szczęście ona od razu wiedziała, co robić.

– Trzeba go przyszyć – oznajmiła.

'What's sewn?' he asked.

'You're terribly ignorant.'

'No, I'm not.'

'I shall sew it on for you,' she said, and she got out her needle and thread, and she sewed the shadow onto Peter's foot.

'It might hurt a little,' she warned him.

'Oh, I won't cry,' said Peter, who was acting like he had never cried in his life. And as Wendy sewed on the shadow Peter did his very best not to cry even one tear; and soon his shadow was behaving properly, though it was a little wrinkled.

'Perhaps I should have ironed it,' Wendy said; but Peter, like a boy, didn't care how he looked. He was now jumping about, full of joy.

'How old are you?' Wendy asked. Peter stopped dancing.

'I don't know,' he replied nervously, 'but I am quite young.' He really knew nothing about it. 'Wendy,' he added, 'I ran away the day I was born.'

Wendy was quite surprised, but interested.

'It was because I heard my father and mother,' he explained in a quiet voice, 'talking about what I was to be when I became a man. I don't ever want to be a man,' he said with passion. 'I want to always be a little boy and to have fun. So I ran away to Kensington Gardens and lived a long time among the fairies.'

– Co to znaczy przyszyć?

– Jesteś okropnym ignorantem.

– Nie, nie jestem.

– Przyszyję ci go – rzekła, wyjęła igłę i nitkę i przyszyła cień do stopy Piotrusia.

– Może trochę zaboleć – ostrzegła.

– Och, nie będę płakać – powiedział Piotruś, który zachowywał się, jakby nigdy w życiu nie płakał.

I kiedy Wendy przyszywała cień, Piotruś ze wszystkich sił starał się nie uronić ani jednej łzy; wkrótce cień zachowywał się jak należy, chociaż był nieco wymięty.

– Może powinnam go wyprasować – zastanawiała się Wendy; ale Piotruś, jak to chłopak, nie przywiązywał zbyt dużej wagi do swego wyglądu. Podskakiwał teraz wkoło, cały zadowolony.

– Ile masz lat? – spytała Wendy. Piotruś przestał tańczyć.

– Nie wiem – odpowiedział nerwowo – ale jestem dosyć młody. – Naprawdę nie miał zielonego pojęcia. – Wendy – dodał – uciekłem w dniu, w którym się urodziłem.

Wendy była trochę zdziwiona, ale zaciekawiona.

– To dlatego, że usłyszałem jak tata i mama – opowiadał przyciszonym głosem – rozmawiali, kim będę, kiedy stanę się mężczyzną. A ja nawet nie chcę być mężczyzną – rzekł z pasją. – Chcę na zawsze zostać małym chłopcem i dobrze się bawić. Uciekłem więc do Ogrodów Kensington, gdzie przez długi czas mieszkałem z wróżkami.

Wendy looked at him with admiration, and he thought it was because he had run away, but it was really because he knew fairies. She began to ask him a lot of questions about fairies, which Peter found rather boring. To Peter, fairies were annoying, always getting in his way and causing trouble.

Wendy patrzyła na niego z podziwem; on sądził, że to dlatego, iż uciekł, tak naprawdę jednak chodziło o to, że znał wróżki. Dziewczynka zaczęła zadawać mu masę pytań o wróżki, co Piotruś uznał za dość nudne. Dla niego wróżki były irytujące, zawsze wchodziły mu w drogę i ściągały kłopoty.

III. THE CHILDREN FLY AWAY

As Peter told Wendy about fairies, he suddenly realised Tinker Bell was keeping very
quiet.

'I wonder where she has gone to,' he said, getting
up, and he called her.

Wendy became very excited.

'Peter,' she cried, 'do you mean that there is a
fairy in this room?'

III. DZIECI ODLATUJĄ

Gdy Piotruś opowiadał Wendy o wróżkach, nagle zdał sobie sprawę, że Dzwoneczek zachowuje się bardzo cicho.

– Ciekawe dokąd poszła – powiedział, wstając, po czym zawołał ją.

Wendy była podekscytowana.

– Piotrusiu – zakrzyknęła – chcesz powiedzieć, że w tym pokoju jest wróżka?

'She was here just a minute ago,' he said a little impatiently. 'You don't hear her, do you?' And they both listened.

'The only sound I hear,' said Wendy, 'is like a tinkle of bells.'

'Well, that's Tink, and that's her fairy language.'

The sound came from the chest of drawers. Peter laughed.

'Wendy,' he whispered, 'I think I shut her in the drawer!'

He let poor Tinker Bell out of the drawer, and she flew around the nursery screaming with anger.

'You shouldn't say such things,' Peter said. 'Of course I'm very sorry, but how could I know that you were in the drawer?'

'Oh Peter,' Wendy cried, 'if she would only stand still and let me see her!'

'They never stand still,' he said.

Wendy began to ask him more questions.

'Do you still live in Kensington Gardens?' she asked.

'Sometimes.'

'But where do you live mostly now?'

'With the Lost Boys.'

'Who are they?'

'They are the children who fall out of their prams when the nurse is looking the other way. If

– Była tu przed minutą – powiedział lekko zniecierpliwiony. – Nie słyszysz jej, co?

Oboje nasłuchiwali.

– Słyszę tylko dźwięk przypominający odgłos dzwonków – rzekła Wendy.

– No, w takim razie to Dzwoneczek, to jej wróżkowy język.

Dźwięk dobiegał z komody. Piotruś roześmiał się.

– Wendy – wyszeptał. – Coś mi się zdaje, że zamknąłem ją w szufladzie!

Wypuścił biednego Dzwoneczka z szuflady, a ta fruwała po pokoju, krzycząc ze złości.

– Nie powinnaś mówić takich rzeczy – powiedział Piotruś. – Oczywiście jest mi bardzo przykro, ale skąd mogłem wiedzieć, że byłaś w szufladzie?

– Och, Piotrusiu – wykrzyknęła Wendy – gdyby tylko ona na chwilę stanęła bez ruchu i pozwoliła mi się zobaczyć!

– One nigdy nie stoją bez ruchu – odparł.

Wendy zadawała coraz więcej pytań.

– Czy ciągle mieszkasz w Ogrodach Kensington? – spytała.

– Czasem.

– Ale gdzie zazwyczaj teraz mieszkasz?

– Z Zaginionymi Chłopcami.

– Kim oni są?

– To dzieci, które wypadły z wózka, kiedy ich opiekunka patrzyła w drugą stronę. Jeżeli

they are not claimed in seven days they are sent
far away to the Neverland. I'm captain of them.'

'What fun it must be!'

'Yes,' said Peter, 'but we are rather lonely. You
see, we have no female companionship.'

'Are there no girls there?'

'Oh, no; girls, you know, are too clever to fall
out of their prams.'

This made Wendy feel very proud.

Peter told Wendy that he had come to the nursery window to listen to their stories.

'You see, I don't know any stories. None of the
Lost Boys knows any stories.'

'How awful,' Wendy said.

'Oh, Wendy, your mother was telling you such a
lovely story tonight.'

'Which story was it?'

'About the prince who couldn't find the lady
who wore the glass slipper.'

'Peter,' said Wendy excitedly, 'that was Cinderella, and he found her, and they lived happily
ever after.'

Peter was so happy that he rose from the floor,
where they had been sitting, and rushed to the
window.

'Where are you going?' she cried.

'To tell the other boys.'

'Don't go, Peter,' she begged, 'I know lots of
stories.'

nikt się po nie nie zgłosi w ciągu siedmiu dni, są odsyłane do Nibylandii. Jestem ich kapitanem.

– Ale to musi być fajne!

– Tak – powiedział Piotruś – ale jesteśmy trochę samotni. No wiesz, nie mamy żadnego damskiego towarzystwa.

– Nie ma tam dziewczynek?

– Och, nie; dziewczyny, no wiesz, są za bystre, żeby wypaść z wózka.

Słowa te sprawiły, że Wendy poczuła się bardzo dumna. Piotruś powiedział Wendy, że przychodził pod okno pokoju dziecinnego, żeby słuchać ich bajek.

– Wiesz, ja nie znam żadnych bajek. Żaden z Zaginionych Chłopców nie zna bajek.

– To okropne – uznała Wendy.

– Och, Wendy, wasza mama opowiadała wam dziś wieczorem taką śliczną historyjkę.

– Która to?

– O księciu, który nie mógł znaleźć pani noszącej szklany pantofelek.

– Piotrusiu – powiedziała Wendy podekscytowana – to był Kopciuszek, a książę ją odnalazł i żyli potem długo i szczęśliwie.

Piotruś był taki zadowolony, że wstał z podłogi, gdzie siedzieli, i ruszył szybko w stronę okna.

– Gdzie idziesz? – zawołała Wendy.

– Opowiedzieć to chłopcom.

– Nie odchodź, Piotrusiu – błagała – znam mnóstwo opowieści.

He came back, and there was a greedy look in his eyes now which should have shocked her, but did not.

'Oh, the stories I could tell to the boys!' she cried, and then Peter took her by the arm and began to pull her toward the window.

'Let me go!' she shouted.

'Wendy, come with me and tell the other boys.'

Of course she was very pleased to be asked, but she said, 'Oh dear, I can't. Think of mummy! Besides, I can't fly.'

'I'll teach you.'

'Oh, how lovely it would be to fly.'

'I'll teach you how to jump on the wind's back, and then away we go.'

'Oo!' she exclaimed.

'Wendy, instead of sleeping in your silly bed at night you could be flying about with me and saying funny things to the stars.'

'Oo!'

'And Wendy, there are mermaids.'

'Mermaids! With tails?'

'Really long tails.'

'Oh,' cried Wendy, 'to see a mermaid!'

Peter had become extremely greedy and clever. 'Wendy,' he said, 'we would all respect you. You could tuck us in at night. None of us has ever been tucked in at night.'

Wrócił, a z jego oczu wyzierała chciwość, która powinna zwrócić uwagę dziewczynki, ale tak się nie stało.

– Bajek, które mogłabym opowiedzieć chłopcom! – wołała, i wtedy Piotruś złapał ją za ramię i zaczął ciągnąć w stronę okna.

– Puść mnie! – krzyknęła.

– Wendy, chodź ze mną i opowiedz je innym chłopcom.

Oczywiście było jej bardzo miło, że ją prosi, lecz powiedziała:

– Och, mój drogi, nie mogę. Pomyśl o mamusi! Poza tym, nie umiem latać.

– Ja cię nauczę.

– Och, jak cudownie byłoby latać.

– Nauczę cię, jak wskakiwać wiatru na grzbiet, a potem ruszamy w drogę.

– Oo! – wykrzyknęła.

– Wendy, zamiast spać w nocy w tym głupim łóżku, mogłabyś latać ze mną wkoło i mówić do gwiazd śmieszne rzeczy.

– Oo!

– I wiesz Wendy, są tam syreny.

– Syreny? Z ogonami?

– Naprawdę długimi ogonami.

– Och – zawołała Wendy – zobaczyć syreny! Piotruś zrobił się strasznie zachłanny i sprytny.

– Wendy – powiedział – wszyscy byśmy cię szanowali. Mogłabyś nas w nocy tulić. Nikt z nas nigdy nie był przytulany w nocy.

How could Wendy say no? 'Peter, will you teach John and Michael to fly too?'

'If you like,' he said.

Wendy ran to John and Michael and shook them. 'Wake up,' she cried, 'Peter Pan has come and he is going to teach us to fly.'

John rubbed his eyes and stood up. 'Peter, can you really fly?' he asked.

And just to show them, Peter flew quickly around the room.

'How wonderful!' John and Michael shouted.

Jakże Wendy mogłaby powiedzieć „nie"?

– Piotrusiu, czy nauczysz latać też Johna i Michaela?

– Jeśli chcesz – odparł.

Wendy podbiegła do Johna i Michaela i potrząsnęła nimi.

– Obudźcie się – wołała – Piotruś Pan przyszedł i nauczy nas latać.

John przetarł oczy i wstał.

– Piotrusiu, czy ty naprawdę potrafisz latać? – spytał.

Piotruś przeleciał szybko wkoło pokoju.

– Jak wspaniale! – zakrzyknęli John i Michael.

It looked very easy, and they tried it first from the floor and then from the beds, but they always went down instead of up.

'How do you do it?' asked John, rubbing his knee.

'You just think lovely, wonderful thoughts,' Peter explained, 'and they lift you up in the air.'

He showed them again.

'You're so good at it,' John said; 'couldn't you do it very slowly once?'

Peter did it both slowly and quickly. But the children still could not do it.

Of course Peter was playing with them, for no one can fly unless fairy dust has been blown on them. Fortunately, as we have mentioned, one of his hands was covered with it, and he blew some on each of them, with excellent results.

Michael immediately flew across the room.

'I flew!' he screamed while still in the air.

Soon John and Wendy were up near the ceiling.

'Oh, lovely!'

'Look at me!'

Up and down they went, and round and round.

'Why shouldn't we all go out?' cried John.

Of course this had been Peter's plan the whole time.

Michael was ready: he wanted to see how long it would take them to fly a billion miles. But Wendy wasn't so sure.

Wydawało się to bardzo proste, najpierw spróbowali więc wystartować z podłogi, potem z łóżek, ale zawsze lecieli w dół zamiast w górę.

– Jak ty to robisz? – spytał John, rozcierając kolano.

– Po prostu myślisz sobie cudowne rzeczy – wyjaśnił Piotruś – i te myśli unoszą cię w górę.

Jeszcze raz im pokazał.

– Jesteś w tym naprawdę dobry – powiedział John – nie mógłbyś zrobić tego jeszcze raz, bardzo wolno?

Piotruś zrobił to, i wolno, i szybko.. Ale dzieci i tak nie dały rady.

Oczywiście Piotruś żartował sobie z nich, bo nikt nie może latać, jeżeli nie jest obsypany wróżkowym pyłem. Na szczęście, jak już wspominaliśmy, Piotruś miał jedną rękę pokrytą pyłem, dmuchnął więc odrobinę na każdego z nich, a efekt był znakomity.

Michael od razu przeleciał przez pokój.

– Ja latam! – krzyczał, unosząc się w powietrzu.

Wkrótce John i Wendy byli w górze, pod sufitem.

– Och, cudownie!

– Patrz na mnie!

Latali w górę i w dół, i dookoła, i jeszcze raz.

– Może polecimy gdzieś razem? – zawołał John.

Rzecz jasna, Piotruś od samego początku miał właśnie taki plan.

Michael był gotów: chciał wiedzieć, ile czasu zabierze mu przefrunięcie miliarda mil. Wendy jednak nie była przekonana.

'Mermaids!' said Peter again.

'Oo!'

'And there are pirates.'

'Pirates!' cried John. 'Let's go right away.'

It was just at this moment that Mr and Mrs Darling left their party. In the middle of the street they looked up at the nursery window. It was shut, but the room was brightly lit, and they could see shadows on the curtain, of three little figures circling round and round, not on the floor but in the air.

Not three figures, four!

Shaking, they opened the front door and hurried up the stairs.

They would have reached the nursery in time if the stars had not been watching the children. The stars blew the window open, and the smallest star of all called out:

'Hurry, Peter!'

'Come,' he shouted to the children, and flew out at once into the night, followed by John, Michael and Wendy.

Mr and Mrs Darling rushed into the nursery too late. The children were gone, and the window was wide open.

– Syreny! – rzekł Piotruś ponownie.

– Oo!

– I są też piraci.

– Piraci! – zakrzyknął John. – Lećmy natychmiast.

Właśnie w tym momencie pan i pani Darling wyszli z przyjęcia. Na środku ulicy spojrzeli w górę na okno pokoju dziecinnego. Było zamknięte, ale pokój był jasno oświetlony i widzieli na zasłonach cienie trzech małych postaci krążących wkoło, nie po podłodze lecz w powietrzu.

Nie trzech postaci, czterech!

Roztrzęsieni, otworzyli drzwi wejściowe i pospieszyli schodami na górę.

Zdążyliby dobiec do pokoju na czas, gdyby dzieciom nie przyglądały się gwiazdy. To one otworzyły okno, a najmniejsza ze wszystkich gwiazd zawołała:

– Piotrusiu, pospiesz się!

– Chodźcie – krzyknął do dzieci i od razu wyleciał w noc, a w ślad za nim John, Michael i Wendy.

Gdy pan i pani Darling weszli do pokoju było już za późno. Dzieci zniknęły, a okno było szeroko otwarte.

IV. THE HOME UNDER THE GROUND

'Second to the right, and straight on till morning.'

That, Peter had told Wendy, was the way to the Neverland. But nobody could have found it with these instructions, without Peter guiding them.

They flew over an ocean, very high up, for a long time – but exactly how long, none of the children could be sure.

IV. DOM POD ZIEMIĄ

„**D**ruga na prawo, i prosto, aż do rana." To, jak Piotruś powiedział Wendy, była droga do Nibylandii. Ale nikt nie mógłby tam trafić po tych wskazówkach, gdyby nie poprowadził go Piotruś.

Lecieli nad oceanem, bardzo wysoko, bardzo długo, ale dokładnie, jak długo – żadne z dzieci nie było pewne.

Finally: 'There it is,' Peter said calmly.

Wendy, John and Michael all recognised it at once.

'John, there's the lake.'

'Wendy, I see your flamingo.'

'Look, Michael, there's your cave.'

'John, what's that in the forest?'

'It's a wolf with her babies. Wendy, I think that's your wolf baby.'

'Hey, John, I see the smoke of the Indian camp.'

'Where? Show me, and I'll tell you by the way the smoke rises whether they're on the war-path.'

'There, just across the Mysterious River.'

'I see now. Yes, they are on the war-path!'

As they came closer to the island, the sun began to go down, and everything became darker.

In the old days at home the Neverland had always begun to look a little dark and scary by bedtime. Then, unexplored parts appeared in it and spread; black shadows moved about in them; the roar of wild animals became louder, and above all, you lost the certainty that you would win. You were quite glad that the night-lights were on. You even liked Mother to say that this was just the table and the fireplace over here, and that the Neverland was all make-believe.

Of course the Neverland had been make-believe in those days; but it was real now, and there were no

Aż w końcu Piotruś oznajmił cicho:
– To tutaj.
Wendy, John i Michael od razu rozpoznali to miejsce.
– John, tam jest jezioro.
– Wendy, widzę twojego flaminga.
– Patrz, Michael, jest twoja jaskinia.
– John, co to, tam w lesie?
– To wilczyca z dziećmi. Wendy, to chyba twój wilczek.
– Hej, John, widzę dym z obozu Indian.
– Gdzie? Pokaż, to popatrzę, jak ten dym się unosi i powiem ci, czy są na wojennej ścieżce.
– Tam, nad Tajemniczą Rzeką.
– Teraz widzę. Tak, są na wojennej ścieżce.
W miarę jak zbliżali się do wyspy, słońce zaczęło się obniżać i wszędzie zrobiło się ciemniej.

Dawniej, w domu, Nibylandia zawsze stawała się trochę ciemniejsza i straszniejsza, gdy przychodził czas na sen. Pokazywały się wtedy miejsca niezbadane i rozciągały się coraz bardziej; poruszały się tam czarne cienie; wycie dzikich zwierząt stawało się głośniejsze, a przede wszystkim, traciłeś pewność, że zwyciężysz. Byłeś całkiem zadowolony, że lampka nocna jest zapalona. Nawet byłoby dobrze, gdyby mama powiedziała, że to tylko stół i kominek, i że Nibylandia jest tylko na niby.

Oczywiście Nibylandia była tylko na niby wtedy; ale teraz była prawdziwa i nie było światła

night-lights, and it was getting darker every moment, and where was Mother?

John asked Peter if there were many pirates on the island at that moment, and Peter said that there were more than ever before.

'Who is the captain now?'

'Hook,' answered Peter; and his face became very serious as he said that hated word.

Michael began to cry, and even John could barely speak, for they knew Hook's reputation.

'He is the worst of them all,' John whispered.

'That's right,' said Peter.

'What is he like? Is he big?'

'He is not as big as he was.'

'What do you mean?'

'I cut off a bit of him.'

'You!'

'Yes, me,' said Peter.

'What bit?'

'His right hand.'

'Then he can't fight now?'

'Oh, yes he can!'

'With only his left hand?'

'He has an iron hook instead of a right hand. And after I cut off his hand,' Peter continued, 'I threw it into the sea, where a crocodile caught it in his mouth and ate it. Since then the crocodile is always chasing after Hook.'

'Why?' the children asked.

nocnej lampki, i z każdą chwilą robiło się coraz ciemniej, no i gdzie była mama?

John spytał Piotrusia, czy w tej chwili jest na wyspie dużo piratów, a Piotruś odpowiedział, że więcej niż kiedykolwiek.

– Kto jest teraz kapitanem?

– Hak – odparł Piotruś; gdy wymówił to znienawidzone słowo, jego twarz stała się bardzo poważna.

Michael rozpłakał się i nawet John mało się odzywał, bo wiedzieli, czym wsławił się Hak.

– Jest najgorszy ze wszystkich – wyszeptał John.

– To prawda – przyznał Piotruś.

– Jak on wygląda? Jest duży?

– Już nie tak duży jak był.

– Co masz na myśli?

– Odciąłem go kawałek.

– Ty!

– Tak, ja – rzekł Piotruś.

– Który kawałek?

– Prawą dłoń.

– Nie może już więc walczyć?

– Ależ tak, może!

– Samą lewą ręką?

– Zamiast prawej ma żelazny hak. Po tym, jak odciąłem mu rękę – kontynuował Piotruś – wrzuciłem ją do morza, a tam krokodyl złapał ją w paszczę i zjadł. Od tego czasu krokodyl ciągle poluje na Haka.

– Dlaczego? – zapytały dzieci.

'Because after tasting a bit of him, he wants to eat the rest! But Hook can always hear the crocodile coming, since the crocodile also ate a clock and he now makes a ticking noise all the time.'

They flew along for a few moments in silence.

Then Peter said, 'John, there is one thing that every boy who serves under me has to promise, and so must you.'

John listened carefully.

'It is this – if we meet Hook in a fight, you must leave him to me.'

'I promise,' John said loyally.

Finally Peter gave the signal and began to head downwards. He was followed by John, Michael, Wendy, and Tinker Bell, who had been lighting the way for them the whole trip.

Down below, in the forest, the Lost Boys were hiding from the pirates. There were six of them, and they were wearing the skins of bears they had killed.

They all rushed out of their hiding place in the grass and welcomed Peter as he and the children landed.

'Great news, boys,' Peter cried, 'I have brought a mother for you all. Her name is Wendy.'

The boys all went on their knees, and holding out their arms cried, 'Oh Wendy lady, be our mother!'

'Should I?' Wendy said, her face shining. 'Of course it would be wonderful – but I am only a little girl. I have no real experience.'

– Bo odkąd go trochę spróbował, chce zjeść resztę! Ale Hak zawsze słyszy, gdy krokodyl się zbliża, bo zwierz zjadł też zegarek i teraz tyka cały czas. Jakiś czas lecieli dalej w ciszy. W pewnej chwili Piotruś powiedział:

– John, jest jedna rzecz, którą każdy chłopiec służący pode mną musi obiecać, ty też.

John słuchał uważnie.

– Chodzi o to: jeżeli spotkamy się z Hakiem w walce, musisz zostawić go dla mnie.

– Obiecuję – lojalnie przyrzekł John.

W końcu Piotruś dał znak i zaczął kierować się w dół. Za nim ruszyli John, Michael, Wendy i Dzwoneczek, która przez całą podróż oświetlała im drogę.

W dole, w lesie, Zaginieni Chłopcy ukrywali się przed piratami. Było ich sześciu, ubrani byli w skóry niedźwiedzi, które zabili.

Gdy Piotruś razem z dziećmi wylądował, wszyscy chłopcy wybiegli ze swoich kryjówek w trawie i przywitali go.

– Wspaniałe wiadomości, chłopcy – zakrzyknął Piotruś. – Przyprowadziłem mamę dla was wszystkich. Ma na imię Wendy.

Chłopcy padli na kolana i wyciągając ręce wołali:

– Och Wendy pani, bądź naszą mamą!

– Naprawdę? – rzekła Wendy z promienną twarzą. – Byłoby wspaniale, ale jestem tylko małą dziewczynką. Nie mam doświadczenia.

'That doesn't matter,' said Peter, as if he were
the only person who knew all about it, though he
was really the one who knew the least. 'What we
need is just a nice motherly person, who will tell
us stories.'

'Very well,' she said, 'I will do my best. Come
inside immediately, you naughty children; I am
sure your feet are wet. And before I put you to
bed I have just enough time to finish the story of
Cinderella.'

The boys jumped up and excitedly went to their
underground home, with John, Michael and Wendy following them.

The Lost Boys lived in one big room under the
ground. They entered their home through seven

– Nie szkodzi – powiedział Piotruś, jakby był jedyną osobą wiedzącą wszystko na ten temat, choć w rzeczywistości wiedział najmniej. – Potrzebujemy po prostu miłej, matczynej osoby, która będzie nam opowiadać bajki.

– Bardzo dobrze – odparła – zrobię, co w mojej mocy. Natychmiast wejdźcie mi do środka, niegrzeczne dzieciaki; na pewno macie przemoczone stopy. I zanim położę was do łóżka, będę mieć wystarczająco czasu, żeby dokończyć bajkę o Kopciuszku.

Chłopcy podskoczyli i podekscytowani poszli do swojego podziemnego domu, a za nimi John, Michael i Wendy.

Zaginieni Chłopcy mieszkali w jednym dużym pokoju pod ziemią. Wchodzili do domu przez siedem

large hollow trees, each with a boy-sized hole in it.

There was one large bed, which all the boys slept in together, lying like sardines in a tin.

They lived very cozily together in the underground home. At night, they all got into bed and Wendy told them wonderful stories.

They had many amazing adventures together, but to describe them all would require a book as large as an English-Latin, Latin-English dictionary, and the most we can do is to describe one as an example of an average day on the island. The difficulty is which one to choose.

Should we choose the fight with the Indians on the mountain? Or the night attack by the Indians on the house under the ground, when several of them got stuck in the hollow trees and had to be pulled out like corks? Or we might tell how Peter saved the life of the Indian princess, Tiger Lily, in the Mermaids' Lagoon, and made her his friend. Or we could tell of the cake the pirates baked with poison in it so that the boys might eat it and die; and how they put it in one clever spot after another; but always Wendy grabbed it out of the hands of her children, so that after a while the cake became old and as hard as a stone, and they used it as a rocket, and hit Hook on the head with it.

Which of these adventures should we choose? The best way will be to toss a coin for it.

I have tossed it, and the lake has won.

wielkich wydrążonych drzew, z których każde miało w pniu dziurę wielkości chłopca.

Było tam jedno duże łóżko, w którym razem, leżąc jak sardynki w puszce, spali wszyscy chłopcy. W podziemnym domu żyło im się bardzo miło. Wieczorem kładli się do łóżka i Wendy opowiadała im cudowne bajki.

Wspólnie przeżyli wiele niesamowitych przygód, ale żeby opisać je wszystkie, potrzebna byłaby książka tak gruba jak słownik angielsko-łaciński, łacińsko-angielski; tak więc wszystko, co możemy zrobić, to opisać jedną przygodę jako przykład zwykłego dnia na wyspie. Problem w tym, którą wybrać. Czy walkę w górach z Indianami? Czy nocny atak Indian na podziemny dom, kiedy to kilku z nich utknęło w wydrążonych drzewach i trzeba było ich wypchnąć jak korki? Można by też opowiedzieć o tym, jak Piotruś ocalił życie indiańskiej księżniczce, Tygrysiej Lilii, w Lagunie Syren i zaprzyjaźnił się z nią. Albo o torcie z trucizną upieczonym przez piratów po to, żeby chłopcy zjedli go i umarli; i jak podkładali go w kolejnych zmyślnych miejscach; ale Wendy zawsze wyrywała go z rąk dzieci, aż w końcu tort był stary i twardy jak kamień i użyli go jako rakiety, którą uderzyli Haka w głowę.

Którą z tych przygód wybrać? Najlepiej będzie rzucić monetą.

Rzuciłem, i wygrało jezioro.

V. THE LAKE

At the edge of the lake there was a large rock called Marooners' Rock. It was called Marooners' Rock because evil captains put sailors on it and leave them there to drown. They drown when the tide rises, for then the rock is covered with water.

One day the Lost Boys, Peter and Wendy were resting on the rock after swimming in the lake.

Peter suddenly jumped up. He stood without moving, listening. He heard a boat coming through the water.

V. JEZIORO

Przy brzegu jeziora była skała zwana Skałą Porzuconych. Nazywano ją tak, ponieważ zły kapitan wysadzał na niej marynarzy i zostawiał tam, aby utonęli. Topili się, gdy podczas przypływu skałę zalewała woda.

Pewnego dnia Zaginieni Chłopcy, Piotruś i Wendy odpoczywali na skale po kąpieli w jeziorze.

Nagle Piotruś podskoczył. Stał bez ruchu, nasłuchując. Usłyszał zbliżającą się łódź.

'Pirates!' he cried. 'Dive!'

They dove into the water to hide.

The boat came nearer. There were three figures in it: two pirates named Smee and Starkey, and Tiger Lily, the Indian princess. Her hands and ankles were tied.

'Here's the rock,' cried Smee. 'Now we have to put the Indian onto it and leave her there to drown.'

Quite near the rock two heads were going up and down in the water, Peter's and Wendy's. Wendy was crying, for it was the first tragedy she had ever seen. Peter had seen many tragedies, but he felt less sorry than Wendy for Tiger Lily; it was the fact that there were two against one that made him angry, and he decided to save her. An easy way would have been to wait until the pirates had gone, but Peter never chose the easy way.

Peter was able to do almost everything; and now he imitated the voice of Hook.

'Ahoy, there,' he called. It was an excellent imitation.

'The captain!' said the pirates, staring at each other in surprise.

'He must be swimming out to us,' Starkey said.

'We are putting the Indian on the rock,' Smee shouted.

'Set her free,' came the surprising answer.

'Free?'

'Yes, cut her ropes and let her go.'

'But, captain - '

– Piraci! – krzyknął. – Do wody!

Zanurkowali, żeby się ukryć.

Łódź podpłynęła bliżej. Były w niej trzy osoby: dwóch piratów, Smee i Starkey, oraz Tygrysia Lilia, indiańska księżniczka. Ręce i kostki miała związane.

– Oto skała – krzyknął Smee. – Teraz musimy wprowadzić tam Indiankę i zostawić, aby utonęła.

Niedaleko od skały, w górę i w dół, poruszały się w wodzie dwie głowy, Piotrusia i Wendy. Wendy płakała, bo była to pierwsza tragiczna sytuacja, jaką widziała. Piotruś widział wiele tragedii i nie było mu tak przykro z powodu Tygrysiej Lilii jak Wendy; raczej złościł go fakt, że było tam dwóch przeciwko jednej i postanowił uratować księżniczkę. Najprościej byłoby poczekać, aż piraci odpłyną, ale Piotruś nigdy nie wybierał łatwych rozwiązań.

Piotruś potrafił robić niemal wszystko, teraz naśladował głos Haka.

– Ahoj, tam – wołał. Podobieństwo było niewiarygodne.

– Kapitan! – powiedzieli piraci, patrząc na siebie ze zdumieniem.

– Pewnie wypłynął do nas – rzekł Starkey.

– Prowadzimy Indiankę na skałę – krzyknął Smee.

– Uwolnijcie ją – nadeszła zaskakująca odpowiedź.

– Uwolnić?

– Tak, przetnijcie sznury i puśćcie ją.

– Ależ kapitanie…

'At once, do you hear -,' cried Peter, 'or I'll stab my hook into you.'

'This is strange,' Smee said.

'We'd better do what the captain orders,' said Starkey nervously.

'Ay, ay,' Smee said, and he cut Tiger Lily's ropes. At once, like a fish, she slid between his legs into the water.

Of course Wendy was very impressed by Peter's cleverness; but a moment later her happiness was replaced by shock when 'Ahoy, there' rang over the lake in Hook's voice, and this time it was not Peter who had spoken.

Peter's face showed great surprise.

Now Wendy understood. The real Hook was also in the water!

In the light of the pirates' lantern, Wendy saw his hook grip the boat's side, and she saw his evil face as he rose from the water. Shaking with fear, she wanted to swim away, but Peter refused to move. He was very excited.

When Hook reached them he sat down with his head resting on his hook in a position of deep sadness.

'Captain, is all well?' they asked timidly.

He answered with a moan.

'What's wrong, captain?'

Hook sighed. 'Those boys have found a mother!' he said.

– Natychmiast, słyszysz...? – zawołał Piotruś – albo wbiję w ciebie mój hak.

– Dziwne – stwierdził Smee.

– Lepiej zróbmy, co każe kapitan – rzekł nerwowo Starkey.

– Aj, aj – powiedział Smee i rozciął sznury krępujące Tygrysią Lilię. Ta natychmiast, niczym ryba, prześlizgnęła się do wody pomiędzy nogami pirata.

Wendy była oczywiście pod dużym wrażeniem sprytu Piotrusia, ale chwilę później szczęście ustąpiło miejsca przerażeniu, bo „Ahoj tam" zabrzmiało nad jeziorem głosem Haka, i tym razem nie był to Piotruś.

Na twarzy Piotrusia odmalowało się wielkie zaskoczenie.

Teraz Wendy zrozumiała. Prawdziwy Hak też był w wodzie!

W świetle pirackiej latarni Wendy ujrzała, jak hak chwyta bok łodzi i zobaczyła jego złowrogą twarz, gdy wyłaniał się z wody. Drżąc ze strachu chciała odpłynąć, ale Piotruś ani myślał się ruszyć. Był bardzo podniecony.

Kiedy Hak dogonił piratów, usiadł z głową opartą o hak w pozie głębokiego smutku.

– Kapitanie, czy wszystko w porządku? – spytali nieśmiało.

Odpowiedział jękiem.

– Co się stało, kapitanie?

Hak westchnął.

– Ci chłopcy znaleźli matkę! – powiedział.

Though still frightened, Wendy felt proud when she heard this.

'Oh, evil day,' cried Starkey.

'Captain,' said Smee, 'couldn't we kidnap these boys' mother and make her our mother?'

'It is an excellent idea,' cried Hook, and at once it began to take shape in his clever mind. 'We will catch the children and carry them to the boat; we will make the boys walk the plank, and Wendy will be our mother.'

'Never!' Wendy cried.

'What was that?'

But they could see nothing. They thought it was a leaf in the wind.

'Do you agree, my friends?' asked Hook.

The pirates promised to help him in his plan.

By this time they were on the rock, and suddenly Hook remembered Tiger Lily.

'Where is the Indian?' he demanded.

'It's all right, captain,' Smee answered. 'We let her go.

'Let her go?' cried Hook.

'It was your own orders,' the pirates answered.

Hook's face turned black with anger. But he saw that the two pirates believed their words, and he was surprised.

'Boys,' he said, shaking a little, 'I gave no such order.'

Chociaż nadal przerażona, Wendy poczuła się dumna, słysząc to.

– Och, paskudny dzień – zawołał Starkey.

– Kapitanie – rzekł Smee – nie moglibyśmy porwać matki tych chłopców i uczynić jej naszą mamą?

– Znakomity pomysł – zakrzyknął Hak, i myśl ta szybko zaczęła nabierać kształtu w jego bystrym umyśle. – Złapiemy dzieci i zaprowadzimy na statek; chłopcom każemy skoczyć do morza, a Wendy będzie naszą mamą.

– Nigdy! – krzyknęła Wendy.

– Co to było?

Nic jednak nie dostrzegli. Pomyśleli, że to liść na wietrze.

– Zgadzacie się, przyjaciele? – spytał Hak.

Piraci obiecali pomóc mu w realizacji planu.

W międzyczasie dopłynęli do skały i nagle Hak przypomniał sobie o Tygrysiej Lilii.

– Gdzie jest Indianka? – zapytał ostro.

– W porządku, kapitanie – odparł Smee. – Wypuściliśmy ją.

– Wypuściliście? – krzyknął Hak.

– To był pana rozkaz – odpowiedzieli piraci.

Twarz Haka pobladła ze złości. Widział jednak, że dwaj piraci byli pewni swych słów, on zaś był głęboko zaskoczony.

– Chłopcy – powiedział, drżąc z lekka – nie dawałem takiego rozkazu.

'It is very strange,' Smee said, and they looked around nervously.

'Spirit that haunts this dark lake tonight,' Hook cried, 'do you hear me?'

Of course Peter should have kept quiet, but of course he did not. He immediately answered in Hook's voice: 'I hear you!'

Smee and Starkey held each other in fear.

'Who are you, stranger? Speak!' Hook demanded.

'I am James Hook,' replied the voice, 'captain of the Jolly Roger.'

'You are not; you are not!' Hook replied.

'Say that again,' the voice shouted, 'and I'll attack you with my hook!'

– To bardzo dziwne – rzekł Smee, wszyscy rozglądali się nerwowo dookoła.

– Duchu, który nawiedzasz to ciemne jezioro tej nocy – krzyknął Hak – słyszysz mnie?

Rzecz jasna Piotruś powinien siedzieć cicho, ale oczywiście tak nie zrobił. Natychmiast odpowiedział głosem Haka: – Słyszę!

Smee i Starkey, przerażeni, złapali się za ręce.

– Kim jesteś, nieznajomy? Mów! – zażądał Hak.

– Jestem James Hak – odparł głos – kapitan statku Jolly Roger.

– To nie ty! To nie ty! – zawołał Hak.

– Powiedz to jeszcze raz – krzyknął głos – a zaatakuję cię moim hakiem!

Hook tried a gentler manner. 'If you are Hook,' he said, 'tell me, who am I?'

'A codfish,' replied the voice, 'only a codfish.'

'A codfish!' Hook echoed.

'Have we been captained all this time by a cod-fish?' the pirates asked themselves.

Hook decided to try the guessing game.

'Hook,' he called, 'do you have another voice?'

Peter could never resist a game, and he answered happily in his own voice, 'I do.'

'And another name?'

'Ay, ay.'

'Vegetable?' asked Hook.

'No.'

'Mineral?'

'No.'

'Animal?'

'Yes.'

'Man?'

'No!' This answer rang out angrily.

'Boy?'

'Yes.'

'Ordinary boy?'

'No!'

'Wonderful boy?'

'Yes.'

Hook was completely confused. 'You ask him some questions,' he said to the others.

Hak sięgnął po łagodniejszy sposób.

– Skoro ty jesteś Hak – rzucił – powiedz, kim ja jestem?

– Dorszem – odparł głos – tylko dorszem

– Dorszem! – jak echo powtórzył Hak.

– Czy cały ten czas dowodził nami dorsz? – zadawali sobie pytanie piraci.

Hak postanowił wykorzystać grę w zgadywanki.

– Hak – zawołał – masz jakiś inny głos?

Piotruś nigdy nie mógł się oprzeć grom, uszczęśliwiony odpowiedział własnym głosem:

– Mam.

– A inne imię?

– Aj, aj.

– Jesteś warzywem? – spytał Hak.

– Nie.

– Minerałem?

– Nie.

– Zwierzęciem?

– Tak.

– Mężczyzną?

– Nie! – ta odpowiedź zabrzmiała ze złością.

– Chłopcem?

– Tak.

– Zwykłym chłopcem?

– Nie!

– Cudownym chłopcem?

– Tak.

Hak był zdezorientowany.

– Zadajcie mu jakieś pytania – rzekł do piratów.

Smee thought for a while. 'I can't think of a thing,' he said, embarrassed.

'Can't guess, can't guess,' Peter shouted happily. 'Do you give up?'

Of course because of his pride he was carrying the game too far, and the evil pirates saw their chance.

'Yes, yes,' they answered.

'Well, then,' he cried, 'I am Peter Pan.'

Pan!

'Now we have him!' Hook shouted. 'Into the water! Take him dead or alive!'

At the same time came the joyful voice of Peter. 'Are you ready, boys?'

'Ay, ay,' came from various parts of the lake.

'Then let's go!'

The fight was short. Here and there heads went up and down in the water. Swords flashed, and there were shouts and cries.

Where was Peter? He was looking for his greatest enemy, Hook.

They didn't meet in the water. Hook rose to the rock to breathe, and at the same moment Peter climbed on it the other side, not knowing that Hook was also on the rock. Suddenly, they were face to face.

Peter grabbed a knife from Hook's belt and was about to attack him with it, when he saw that he was higher up on the rock than him. It would not have been a fair fight,

Smee zastanowił się przez chwilę.

– Nic mi nie przychodzi na myśl – odparł zawstydzony.

– Nie zgadniesz, nie zgadniesz – Piotruś wołał radośnie. – Poddajesz się?

Oczywiście pycha sprawiła, że za bardzo przeciągnął grę, i źli piraci dostrzegli dla siebie szansę.

– Tak, tak – odpowiedzieli.

– No więc – zawołał – jestem Piotruś Pan! Pan!

– Mamy go! – krzyknął Hak. – Do wody! Brać go żywego albo martwego!

W tej samej chwili dotarł do nich radosny głos Piotrusia:

– Jesteście gotowi, chłopcy?

– Aj, aj – dobiegało z różnych stron jeziora.

– W takim razie, ruszamy!

Walka była krótka. To tu, to tam, raz nad wodą, raz pod wodą pojawiały się głowy. Błysnęły szpady, słychać było krzyki i nawoływania.

Gdzie był Piotruś? Szukał swego największego wroga, Haka.

Nie spotkali się w wodzie. Hak wypłynął przy skale, by nabrać powietrza, i w tym samym momencie z drugiej strony wspiął się na nią Piotruś, nie wiedząc, że jest tam też Hak. Nagle stanęli twarzą w twarz.

Piotruś wyrwał nóż zza pasa Haka i już miał zaatakować, gdy zorientował się, że stoi na skale wyżej niż Hak. Nie byłaby to czysta walka,

so he gave the pirate a hand to help him up. But suddenly Hook cut Peter's hand with his iron claw.

Not the pain of this but its unfairness was what shocked Peter. He could only stare, horrified.

A few minutes later the other boys saw Hook in the water swimming towards the ship; there was no joy on his evil face now, for the crocodile was following him.

The lost boys had lost both Peter and Wendy and searched the lake for them, calling their names. They found the pirate's boat and went home in it, shouting, 'Peter, Wendy,' as they went, but no answer came.

After they were gone the lake was silent. Then there was a weak cry.

'Help, help!'

Peter and Wendy were lying on the rock. Peter saw that the water was rising. He knew that they would soon drown.

'We are on the rock, Wendy,' he said, 'but it is growing smaller. Soon the water will be over it.'

She did not understand. 'We must go,' she said.

'Yes,' he answered faintly.

'Should we swim or fly, Peter?'

'Do you think you could swim or fly as far as the island, Wendy, without my help?'

podał więc piratowi dłoń, żeby pomóc mu podejść w górę. Lecz wtedy Hak skaleczył Piotrusia w rękę swym żelaznym szponem.

Piotrusia zaskoczył nie tyle ból, co nieczyste zagranie. Przerażony, zdolny był tylko patrzeć. Kilka minut później reszta chłopców zobaczyła Haka w wodzie płynącego w stronę statku. Na jego złowieszczej twarzy nie było tym razem radości, bo za nim płynął krokodyl.

Zaginieni Chłopcy zgubili zarówno Piotrusia, jak i Wendy, teraz więc przeszukiwali okolice jeziora, wykrzykując ich imiona. Znaleźli łódź piratów i wrócili nią do domu, wołając po drodze: „Piotrusiu, Wendy", ale nie doczekali się żadnej odpowiedzi.

Kiedy odpłynęli, nad jeziorem zapadła cisza. Nagle dało się słyszeć słabe wołanie:

– Pomocy, pomocy!

Piotruś i Wendy leżeli na skale. Piotruś spostrzegł, że woda się podnosi. Wiedział, że wkrótce utoną.

– Wendy, jesteśmy na skale – powiedział – ale ona powoli znika pod wodą. Wkrótce woda całkiem ją zaleje.

Dziewczynka nie rozumiała.

– Musimy się stąd wydostać – rzekła.

– Tak – odpowiedział z wysiłkiem.

– Popłyniemy czy polecimy, Piotrusiu?

– Wendy, dasz radę dopłynąć albo dolecieć do wyspy bez mojej pomocy?

She admitted that she was too tired and Peter moaned.

'What is it?' she asked.

'I can't help you, Wendy. Hook injured me. I can neither fly nor swim.'

'Do you mean we will both drown?'

'Look how the water is rising.'

They put their hands over their eyes to shut out the sight, thinking they would soon be dead.

As they sat there, Peter felt something touch his leg. It was the tail of a kite which Michael had made a few days before. It had escaped from his hand and floated away.

'Michael's kite,' Peter said, pulling it toward him. 'It lifted Michael off the ground,' he cried, 'why should it not carry you?'

'Both of us! Peter, you're very small and light. Let's try!'

So they tied the tail around them. The wind was strong and picked them up, and the kite carried them up into the sky.

Great was the happiness when they reached the home under the ground. Every boy had adventures to tell; but perhaps the biggest adventure of all was that they were several hours late for bed.

Przyznała, że jest zbyt zmęczona, Piotruś jęknął.

– O co chodzi? – spytała.

– Nie pomogę ci, Wendy. Hak mnie zranił. Nie mogę ani pływać, ani latać.

– Chcesz powiedzieć, że oboje utoniemy?

– Patrz, jak woda się podnosi.

Zasłonili rękami oczy, żeby na to nie patrzeć, sądząc, że niedługo umrą.

Gdy tam tak siedzieli, Piotruś poczuł, że coś dotyka jego nogi. Był to ogon latawca, który Michael zrobił kilka dni wcześniej. Wyrwał mu się z rąk i odleciał.

– Latawiec Michaela – powiedział Piotruś, przyciągając go do siebie. – Podniósł w górę Michaela – zawołał – dlaczego nie miałby ponieść ciebie?

– Nas oboje! Piotrusiu, jesteś bardzo mały i lekki. Spróbujmy!

Zawiązali więc ogon latawca wokół siebie. Wiatr był silny, uniósł ich w górę i polecieli ku niebu.

Gdy dotarli do podziemnego domu, radości nie było końca. Każdy chłopiec miał do opowiedzenia przygodę, ale najlepsze było chyba to, że poszli spać kilka godzin później.

VI. WENDY'S STORY

One important result of the adventure on the lake was that it made the Indians their friends. Peter had saved Tiger Lily from a terrible death, and now she and her tribe would do anything for him. All night they sat keeping watch over the home under the ground and waiting for the big attack by the pirates which they expected to happen sometime soon.

VI. OPOWIEŚĆ WENDY

Ważnym rezultatem przygody nad jeziorem była przyjaźń z Indianami. Piotruś uratował Tygrysią Lilię od strasznej śmierci i teraz ona sama i jej plemię gotowi byli zrobić dla niego wszystko. Całymi nocami pełnili wartę koło podziemnego domu w oczekiwaniu na atak piratów, którego spodziewali się lada chwila.

One evening the Indians were watching in their spots up above, while, below, the children were going to bed, ready to hear Wendy's bedtime story. It was the story they loved best, the story Peter hated. It was about a gentleman and a lady, named Mr and Mrs Darling.

'I knew them,' John said, to show off.

'I think I knew them,' said Michael.

Mr and Mrs Darling were married and had three children. One day the children flew away to the Neverland, where the lost children live. The parents were unhappy, and the three little beds were empty.

'It's very sad,' said one boy.

'I don't see how it can have a happy ending,' said another.

'If you knew how great a mother's love is,' Wendy explained, 'you would have no fear.' She had now come to the part of the story that Peter hated.

'You see,' Wendy explained, 'the children knew that the mother would always leave the window open for them to fly back in; so they stayed away for many years and had a lovely time.'

'Did they ever go back?'

'Let's take a look into the future,' said Wendy. 'Years have passed; and who is this elegant lady arriving at London Station? Can it be the lovely Wendy?'

Pewnego wieczoru Indianie obserwowali okolice na górze, podczas gdy pod ziemią dzieci szykowały się do spania, gotowe na opowiadaną przez Wendy bajkę na dobranoc. Była to ich ulubiona opowieść, której jednak Piotruś nienawidził. Opowieść o dżentelmenie i o damie, zwanych panem i panią Darling.

– Znałem ich – przechwalał się John.

– Wydaje mi się, że ich znałem – mówił Michael. Pan i pani Darling byli małżeństwem i mieli troje dzieci. Pewnego dnia dzieci odleciały do Nibylandii, gdzie mieszkają zagubione dzieci. Rodzice byli nieszczęśliwi, a trzy małe łóżeczka stały puste.

– To bardzo smutne – rzekł jeden chłopiec.

– To się nie może skończyć szczęśliwie – stwierdził inny.

– Gdybyście wiedzieli, jak potężna jest miłość matki – tłumaczyła Wendy – nie balibyście się. Zbliżała się do tego fragmentu opowieści, którego Piotruś nie cierpiał.

– Widzicie – Wendy dalej wyjaśniała – dzieci wiedziały, że mama na zawsze pozostawi okno otwarte, aby mogły z powrotem przylecieć; dlatego nie było ich przez wiele lat i cudownie spędzali czas.

– Czy kiedyś powrócili?

– Spójrzmy w przyszłość – rzekła Wendy. – Minęły lata; i kimże jest ta elegancka pani, która przyjechała na Dworzec Londyński? Czyż to nie urocza Wendy?

'Oh!'

'And who are the two handsome figures accompanying her, now young men? Can they be John and Michael? They are!'

'Oh!'

''See, dear brothers,' says Wendy, pointing upwards, 'there is the window still open.' So up they flew to their mummy and daddy; and everyone was happy forever.'

But when Wendy finished her story Peter moaned.

'Wendy, you are wrong about mothers,' he said. 'Long ago, I thought like you that my mother would always keep the window open for me; so I stayed away for a long time, and then flew back; but the window was closed and locked, for my mother had forgotten all about me, and there was another little boy sleeping in my bed.'

This might not have been true, but it scared them.

'Are you sure mothers are like that?'

'Yes.'

So this was the truth about mothers!

'Wendy, let's go home,' cried John and Michael together.

'Yes,' she said, hugging them.

'Tonight?' asked the Lost Boys.

'At once,' Wendy replied, for she had the horrible thought that perhaps their mother had forgotten all about them.

– Och!

– A kim są towarzyszący jej dwaj przystojni chłopcy, teraz już młodzi mężczyźni? Czy to przypadkiem nie John i Michael? Ależ to oni!

– Och!

– „Widzicie, kochani bracia" – mówi Wendy wskazując w górę – „okno jest nadal otwarte." Polecieli więc w górę do swojej mamusi i tatusia; i wszyscy żyli długo i szczęśliwie.

Lecz gdy Wendy skończyła opowieść, Piotruś zaczął marudzić.

– Wendy, nie masz racji z tymi mamami – rzekł.

– Kiedyś, dawno temu, tak jak ty myślałem, że u mojej mamy zawsze będzie czekało na mnie otwarte okno; nie było mnie więc przez długi czas, a potem poleciałem z powrotem; ale okno było zatrzaśnięte i zamknięte na klucz, bo mama całkiem o mnie zapomniała, a w moim łóżeczku spał inny mały chłopiec.

Nie musiało być to prawdą, ale przerazili się.

– Jesteś pewien, że mamy są takie?

– Tak.

A więc to była cała prawda o mamach.

– Wendy, wracajmy do domu – zawołali razem John i Michael.

– Tak – powiedziała, tuląc ich.

– Dzisiaj w nocy? – spytali Zaginieni Chłopcy.

– Natychmiast – odpowiedziała Wendy, bo naszła ją straszna myśl, że być może mama już całkiem o nich zapomniała.

Her fear made her not think about Peter's feelings, and she said to him, 'Peter, will you make the necessary arrangements?'

'If you wish it,' he replied coldly.

He was full of anger against grown-ups, who, as usual, were spoiling everything.

He went out; and when he returned, he said, 'Wendy, I have asked the Indians to guide you through the forest, since flying makes you so tired.'

'Thank you Peter.'

'Then,' he continued, 'Tinker Bell will take you across the sea. Wake her up, boys.'

The boys were sad, not only because they were going to lose Wendy, but also because they felt that she was going off to something nice which they had not been invited to.

'Dear ones,' she said, 'if you all come with us, I feel almost sure my father and mother will adopt you.'

The boys jumped with joy.

'Peter, can we go?' they all cried.

'All right,' Peter replied with an angry smile.

The children all rushed to get their things. But Peter didn't move.

'Get your things, Peter,' Wendy said.

'No,' he answered, 'I am not going with you, Wendy.'

'To find your mother,' she said.

Ten strach sprawił, że nie myślała już o uczuciach Piotrusia i zwróciła się do niego:

– Piotrusiu, mógłbyś poczynić niezbędne przygotowania?

– Skoro tego chcesz – odrzekł chłodno.

Przepełniała go złość na dorosłych, którzy, jak zwykle, wszystko psuli.

Wyszedł. Kiedy powrócił, rzekł:

– Wendy, poprosiłem Indian, żeby przeprowadzili was przez las, bo latanie bardzo was męczy.

– Dziękuję Piotrusiu.

– Potem – ciągnął – Dzwoneczek poprowadzi was przez morze. Chłopcy, obudźcie ją.

Chłopcy posmutnieli, nie tylko dlatego, że mieli stracić Wendy, ale także dlatego, że czuli, iż odchodzi do czegoś miłego, do czego oni nie zostali zaproszeni.

– Moi drodzy – powiedziała – jestem prawie pewna, że jeżeli pójdziecie z nami, moja mama i tata zaadoptują was wszystkich.

Chłopcy skakali z radości.

– Piotrusiu, możemy iść? – krzyczeli wszyscy.

– W porządku – odpowiedział Piotruś z gniewną miną.

Wszystkie dzieci czym prędzej zaczęły pakować swoje rzeczy. Lecz Piotruś ani drgnął.

– Bierz swoje rzeczy, Piotrusiu – powiedziała Wendy.

– Nie – odparł – ja z wami nie idę, Wendy.

– Żeby odnaleźć twoją mamę – rzekła chcąc go zachęcić.

Now, if Peter had ever really had a mother, he no longer missed her. He was happy without one. He had thought a lot about mothers, and remembered only their bad points.

'No, no,' he told Wendy; 'perhaps she would say I was old, and I just want to always be a little boy and to have fun.'

And so Wendy had to tell the others that Peter wasn't coming.

Peter not coming! They stared at him, their sticks over their backs, and on each stick a bag of clothes.

O ile Piotruś kiedykolwiek miał mamę, już za nią nie tęsknił. Był szczęśliwy bez niej. Dużo myślał o mamach i przypominały mu się jedynie ich złe strony.

– Nie, nie – mówił do Wendy – pewnie by powiedziała, że jestem już duży, a ja po prostu chcę na zawsze być chłopcem i dobrze się bawić.

Wendy musiała więc powiedzieć wszystkim, że Piotruś z nimi nie idzie.

Piotruś nie idzie! Wpatrywali się w niego, każdy z kijem na ramieniu, do którego przywiązany był worek z ubraniami.

'Now then,' cried Peter, 'goodbye, Wendy.' And he held out his hand politely to her.

'Are you ready, Tink?' he called out.

'Ay, ay.'

Tinker Bell flew up the nearest tree; but no one followed her, for right at this moment the pirates made their attack upon the Indians. Above, where all had been so still, the air was suddenly filled with screams and the sound of swords. The children all stared at each other in fear.

The pirate attack was a complete surprise. It turned out to be a massacre rather than a fight. Only Tiger Lily and a few of her tribe managed to escape, while the rest died.

The night's work was not yet over, for it was not the Indians that Hook had come out to destroy. It was Pan he wanted; Pan and Wendy and their group. But how would he get to the underground home?

Down below, the children were all wondering who had won the battle up above. The noises had stopped as suddenly as they had begun. Which side had won?

The pirates, listening at the holes in the trees, heard the boys asking this question, and then they also heard Peter's answer.

'If the Indians have won,' he said, 'they will beat the drum; it is always their sign of victory.'

Smee had found the drum. 'You will never hear the drum again!' he whispered.

– A więc – zawołał Piotruś – do widzenia Wendy.

– I grzecznie wyciągnął ku niej rękę.

– Jesteś gotowa, Dzwoneczku? – krzyknął.

– Aj, aj.

Dzwoneczek poleciała na najbliższe drzewo; ale nikt nie podążył za nią, bo właśnie w tej chwili Indian zaatakowali piraci. W górze, gdzie było tak spokojnie, powietrze nagle wypełniły krzyki i szczęk noży. Przestraszone dzieci wpatrywały się w siebie nawzajem.

Atak piratów był całkowitym zaskoczeniem. Jak się okazało, doszło do masakry raczej niż do walki. Tylko Tygrysia Lilia i kilka osób z jej plemienia zdołało uciec, reszta zginęła.

Nocne dzieło jeszcze nie zostało ukończone, bowiem to nie Indian Hak planował zgładzić. Chciał Pana; Pana i Wendy i ich drużynę. Ale jak miał się dostać do podziemnego domu?

Pod ziemią wszystkie dzieci zastanawiały się, kto wygrał bitwę na górze. Hałas ucichł równie nagle jak powstał. Która strona zwyciężyła?

Piraci, nasłuchując przez dziury w drzewach, usłyszeli, jak chłopcy zadają to pytanie, a potem dobiegła odpowiedź Piotrusia.

– Jeżeli wygrali Indianie – mówił – uderzą w bębny; to ich znak zwycięstwa.

Smee znalazł bęben.

– Już nigdy więcej nie usłyszycie bębna – wyszeptał.

But to his surprise Hook signalled to him to beat the drum.

Smee beat upon the drum twice.

'The drum!' they heard Peter cry; 'an Indian victory.'

The children cheered, and then repeated their good-byes to Peter.

Silently Hook gave his orders to the pirates: one man to each tree, and the others in a line behind them.

As each boy emerged from his tree, he was grabbed by a pirate and tossed like a sack of potatoes to the pirate waiting behind him, who then tossed him to Hook. The children were then tied up with ropes.

Late that night, Peter lay fast asleep. He was awoken by a soft knocking on the door of his tree.

It was Tinker Bell. She flew in, her face red and her dress muddy. She told him immediately about the capture of Wendy and the boys. Peter couldn't believe it! Wendy tied up, and on the pirate ship!

'I'll rescue her!' Peter shouted as he rose from his tree.

Lecz ku jego zdumieniu Hak dał mu znak, aby uderzył w bęben.

Smee uderzył w bęben dwa razy.

– Bęben – usłyszeli wołanie Piotrusia – zwycięstwo Indian.

Dzieci się cieszyły, a potem raz jeszcze pożegnały Piotrusia.

Nagle Hak wydał piratom rozkaz: przy każdym drzewie ma stanąć jeden człowiek, a reszta w linii za nimi.

Kiedy chłopcy pojawiali się, każdy ze swojego drzewa, piraci ich chwytali i rzucali nimi jak workami ziemniaków do piratów czekających z tyłu, a ci przerzucali ich do Haka. Potem dzieci związano sznurami.

Późno w nocy Piotruś leżał pogrążony w głębokim śnie. Obudziło go ciche pukanie do drzwi jego drzewa.

To Dzwoneczek. Wleciała do środka, twarz miała czerwoną, sukienkę zabłoconą. Od razu opowiedziała Piotrusiowi o pojmaniu Wendy i chłopców. Nie mógł w to uwierzyć! Wendy, związana, na statku piratów!

– Uratuję ją! – krzyknął Piotruś, opuszczając drzewo.

VII. THE RETURN HOME

On the deck of the pirate ship, the prisoners were in chains so they could not fly away. Wendy was tied to the mast with ropes.

'So, my beauty,' Hook said to Wendy, 'you are going to see your children walk the plank.'

'Are they going to die?' asked Wendy.

'They are,' he growled.

VII. POWRÓT DO DOMU

Na pokładzie statku pirackiego więźniowie byli skuci łańcuchami, żeby nie mogli odlecieć. Wendy przywiązano sznurami do masztu.

– No więc, ślicznotko – zwrócił się do niej Hak – zobaczysz, jak twoje dzieci będą skakać z trapu do morza.

– Czeka ich śmierć? – spytała Wendy.

– O tak – warknął.

Hook took a step toward Wendy. He wanted to turn her face so that she would see the boys walking the plank one by one. But he never reached her. He never heard the cry of despair that he hoped to hear from her. Instead he heard the terrible tick-tick of the crocodile.

The sound came nearer. Everyone realised the same thing: the crocodile was about to get on the ship!

Hook began to shake. 'Hide me,' he cried.

The pirates stood around Hook to hide him from the crocodile.

The boys rushed to the ship's side to see the crocodile climbing it. Then they got a surprise; for it was not the crocodile that was coming to help them. It was Peter! He was ticking like the crocodile.

On tiptoe, Peter slipped across the deck and disappeared into the ship's cabin.

The ticking stopped. A few of the pirates felt brave enough to turn around and look.

'It's gone, captain,' Smee said.

Hook listened. There was not a sound.

'And now for the plank,' he cried, hating the boys more than ever now because they had seen him act so cowardly. 'Do you want the whip before you walk the plank?'

The boys fell to their knees. 'No, no,' they cried.

'Go get the whip, Jukes,' said Hook; 'it's in the cabin.'

Zrobił krok w stronę Wendy. Chciał obrócić jej twarz tak, żeby widziała jak chłopcy, jeden po drugim, wchodzą na trap i skaczą. Ale nigdy jej nie dosięgnął. Nigdy nie usłyszał jęku rozpaczy, który miał nadzieję od niej usłyszeć. Zamiast tego doleciało go straszliwe tykanie krokodyla.

Odgłos się zbliżał. Wszyscy pomyśleli to samo: krokodyl zaraz dostanie się na statek!

Hak zadrżał.

– Schowajcie mnie – krzyknął.

Piraci stanęli wokół Haka, żeby ukryć go przed krokodylem.

Chłopcy ruszyli do burty, by zobaczyć wspinającego się krokodyla. Tu czekała ich niespodzianka, bo to wcale nie krokodyl szedł im z pomocą. To Piotruś! Tykał jak krokodyl.

Piotruś prześlizgnął się na palcach przez pokład i zniknął w kajucie.

Tykanie ustało. Kilku piratów zdobyło się na odwagę, aby odwrócić się i popatrzeć.

– Nie ma go, kapitanie – rzekł Smee.

Hak nasłuchiwał. Nie dochodził żaden dźwięk.

– A teraz na trap – zakrzyknął, nienawidząc teraz chłopców bardziej niż kiedykolwiek, gdyż widzieli, jak tchórzliwie się zachował. – Chcecie, żeby wam spuścić baty, zanim skoczycie do morza?

Chłopcy padli na kolana.

– Nie, nie – wołali.

– Jukes, idź po bat – polecił Hak – jest w kajucie.

The cabin! Peter was in the cabin! The children stared at each other.

'Ay, ay,' said Jukes, and he went into the cabin. The boys all followed him with their eyes.

All of a sudden a horrible scream came from the cabin.

'What was that?' cried Hook.

Another pirate, Cecco, hesitated for a moment and then walked bravely into the cabin. He ran out, his face pale.

'What's the matter with Bill Jukes, you coward?' Hook shouted at him.

'The matter with him is he's dead, stabbed,' replied Cecco.

'Bill Jukes dead!' cried the shocked pirates.

'The cabin's as black as a pit,' Cecco said, 'and there is something terrible in there!'

'Cecco,' Hook said in his most commanding voice, 'go back and bring that creature out.'

Cecco, the bravest of the brave, shook before his captain, crying, 'No, no.'

'Did you say you would go, Cecco?' he said, lifting up his hook. Cecco, with fear in his eyes, had no choice and slowly walked towards the cabin. Everyone listened; and again they heard a deathly scream.

Hook was furious. 'Who is going to bring me that monster?'

There was silence.

Kajuta! W kajucie jest Piotruś! Dzieci spojrzały po sobie.

– Aj, aj – zawołał Jukes i wszedł do kajuty. Oczy wszystkich chłopców podążyły za nim.

Nagle z kajuty dobiegł przeraźliwy krzyk.

– Co to? – zawołał Hak.

Inny pirat, Cecco, po chwili wahania odważnie zszedł do kajuty. Wybiegł zaraz z pobladłą twarzą.

– Co się dzieje z Billem Jukesem, ty tchórzu?

– A to, że nie żyje, zasztyletowany – odparł Cecco.

– Bill Jukes nie żyje! – krzyknęli zszokowani piraci.

– W kajucie jest ciemno jak w norze – rzekł Cecco – i siedzi tam coś strasznego!

– Cecco – powiedział Hak tonem nieznoszącym sprzeciwu – wracaj tam i wyciągnij to stworzenie.

Cecco, najodważniejszy pośród odważnych, zadrżał przed kapitanem i zawołał: – Nie, nie.

– Czyżbyś powiedział, że idziesz, Cecco? – rzekł Hak, unosząc szpon.

Cecco nie miał wyboru, z przerażeniem w oczach powoli ruszył w stronę kajuty. Wszyscy nasłuchiwali; znów dobiegł ich śmiertelny krzyk.

Hak był wściekły.

– Kto sprowadzi mi tego potwora?

Zaległa cisza.

Grabbing a lantern, Hook said, 'I'll bring out that creature myself.' And he ran into the cabin.

A moment later he ran out, without his lantern.

'Something blew out the light,' he said.

'What about Cecco?' the pirates demanded.

'He's as dead as Jukes.'

Hook's fear of the cabin frightened all the pirates very much. They began to talk about how it must be the devil on board. All pirates are superstitious after all.

'The ship's doomed!' shouted all the pirates.

The children began to cheer when they heard this.

Hook had nearly forgotten about his prisoners; but now he turned towards them and he smiled.

'Here's an idea,' he cried to his crew. 'Open the cabin door and push the boys in. Let them fight the creature. If they kill him, it's better for us; if he kills them, it will be doing us a favour too.'

The pirates admired Hook for his clever idea. The boys, pretending to struggle, were pushed into the cabin and the door was closed.

'Now, listen,' cried Hook, and all listened looking in the opposite direction so they wouldn't have to see anything too horrible. Only Wendy, who was still tied to the mast, watched what was going on.

In the cabin Peter had found the key that would free the children from their chains; and now they all secretly left the cabin, armed with

Chwytając latarnię, Hak rzekł:

– Sam go wyciągnę.

Po czym wbiegł do kajuty. Po chwili wybiegł stamtąd, bez latarni.

– Coś zgasiło światło – powiedział.

– Co z Cecco? – dopytywali piraci.

Strach Haka po wyjściu z kajuty przeraził wszystkich. Zaczęli szemrać, że na pokładzie musi być diabeł. Wszyscy piraci są przesądni.

– Statek jest przeklęty! – krzyczeli wszyscy.

Dzieci rozbawiło to, co słyszały.

Hak nieomal zapomniał o więźniach; lecz teraz odwrócił się do nich i uśmiechnął.

– Mam pomysł – zakrzyknął do załogi. – Otwórzcie kajutę i zepchnijcie tam chłopców. Niech walczą z tym stworem. Jeżeli go zabiją, dobra nasza; jeżeli on ich zgładzi, wyświadczy nam tylko przysługę.

Piraci podziwiali Haka za jego sprytny pomysł. Chłopcy, udający opór, zostali wepchnięci do kajuty i drzwi zamknięto.

– Teraz słuchajcie – krzyknął Hak, a wszyscy zamienili się w słuch, patrząc przy tym w przeciwnym kierunku, aby uniknąć zbyt przerażającego widoku. Tylko Wendy, nadal przywiązana do masztu, patrzyła na to, co się wydarzy.

Piotruś znalazł w kajucie klucz, dzięki któremu można było uwolnić dzieci z łańcuchów; wszyscy potajemnie opuścili kajutę, wyposażeni we

all the weapons they could find. First signalling to them to hide, Peter ran over and cut Wendy's ropes. When he freed her, he whispered to her to hide herself with the others, and he took her place by the mast, her cloak around him so that he could pretend to be her.

Hearing nothing, the pirates thought all the boys lay dead in the cabin, and they were panic-stricken. Hook tried to give them courage. 'Men,' he said, 'There's someone on board bringing us bad luck.'

'Ay,' they growled, 'a man with a hook.'

'No, lads, it's the girl. There's never luck on a pirate ship with a woman on board. We'll have better luck when she's gone. Throw her overboard,' cried Hook. And they all rushed towards the figure in the cloak.

'There's no one who can save you now,' the pirates laughed.

'There's one,' replied the figure.

'Who's that?'

'Peter Pan!' came the answer; and as he spoke Peter threw off his cloak. Then they all realised who it had been in the cabin.

'Now, boys!' Peter's voice rang out, and the boys jumped out and attacked.

The boys ran towards the pirates, working together. Some of the pirates jumped into the sea; others hid in dark corners, where they were found by the boys and thrown overboard.

wszelką broń, jaką znaleźli. Najpierw, dając im znak, aby się ukryli, Piotruś pobiegł i przeciął sznury krępujące Wendy. Gdy ją uwolnił, szeptem polecił jej schować się razem z innymi, sam zaś zajął jej miejsce pod masztem, zakładając pelerynkę dziewczynki i udając, że jest nią.

Nic nie usłyszawszy, piraci sądzili, że chłopcy leżą martwi w kajucie, i wpadli w panikę. Hak próbował dodać im otuchy.

– Panowie – rzekł – ktoś na tym pokładzie przynosi nam pecha.

– Aj – wymamrotali – człowiek z hakiem.

– Nie, kamraci, to dziewczyna. Fortuna zawsze opuszcza piracki okręt, gdy na pokładzie jest kobieta. Będziemy mieć więcej szczęścia, gdy ona zniknie. Wyrzucić ją za burtę – rozkazał Hak. Wszyscy udali się w stronę postaci w pelerynie.

– Nikt cię teraz nie uratuje – śmiali się piraci.

– Jest ktoś taki – odparła postać.

– Kto to?

– Piotruś Pan – padła odpowiedź, a mówiąc to, Piotruś zrzucił pelerynę. Wtedy wszyscy się zorientowali, kto był w kajucie.

– Dalej chłopcy! – zadźwięczał głos Piotrusia, a chłopcy wyskoczyli na pokład i ruszyli do ataku.

Wszyscy chłopcy razem pobiegli w stronę piratów. Niektórzy piraci wskoczyli do morza; inni chowali się w ciemnych kątach, gdzie chłopcy ich znajdowali, po czym wyrzucali za burtę.

All the pirates were gone when a group of boys surrounded Hook. But they could not get close to him because he kept a clear space around him with his claw.

'Put away your swords, boys,' cried a voice, 'this man is mine.'

Suddenly Hook found himself face to face with Peter. The others moved back and formed a ring around them.

Peter was a superb swordsman, but his shorter height was against him, and he could not manage to stab Hook.

Hook, as brilliant a swordsman as Peter, was not quite as fast, but he used his height and weight as an advantage. He tried to use his favourite technique, taught to him long ago by his father, but to his surprise he found that even this did not work.

Then he tried to get Peter with his iron hook; but in one clever movement Peter avoided the hook and stabbed Hook in the stomach. At the sight of his own blood, the sword fell from Hook's hand.

'Now!' cried all the boys, but with a polite gesture Peter invited his enemy to pick up his sword.

Hook fought now with every bit of strength he had left, and every attack with the sword would have cut any man or boy in half who stood in its way; but Peter flew around Hook in the air, and again and again he jumped in and stabbed him.

Gdy grupa chłopców otoczyła Haka, nie pozostał już żaden pirat. Nie mogli jednak podejść blisko, bo szponem utrzymywał wokół siebie wolną przestrzeń.

– Chłopcy, odrzućcie szpady – zabrzmiał głos – ten człowiek jest mój.

Hak znalazł się nagle twarzą w twarz z Piotrusiem. Pozostali wycofali się, tworząc wokół nich koło.

Piotruś był wybornym szermierzem, ale przeszkadzał mu niski wzrost, przez co nie mógł ugodzić Haka.

Hak, szermierz równie wybitny co Piotruś, nie był aż tak szybki, ale wykorzystywał swój wzrost i wagę. Usiłował zastosować swą ulubioną technikę, której dawno temu nauczył go ojciec, ale ku swemu zaskoczeniu przekonał się, że nawet to nie zadziałało.

Potem spróbował dorwać Piotrusia swym żelaznym hakiem; ale jednym zwinnym ruchem Piotruś zrobił unik i pchnął Haka w brzuch. Na widok własnej krwi, Hak wypuścił szpadę z dłoni.

– Teraz! – zakrzyknęli chłopcy, ale Piotruś uprzejmym gestem zachęcił wroga, aby podniósł szpadę.

Hak zebrał wszystkie siły, jakie w nim pozostały do walki, każdy atak jego szpady przeciąłby na pół każdego mężczyznę czy chłopca, jaki stanąłby mu na drodze; lecz Piotruś fruwał wokół niego w powietrzu, raz po raz przyskakując, aby zadać pchnięcie.

Hook was fighting now without hope.

Seeing Peter slowly coming towards him through the air with his sword pointed straight at him, he jumped onto the side of the ship to throw himself into the sea. He did not know that the crocodile was waiting for him, silently, in the water. It had stopped ticking a short time before, when its clock had finally stopped.

Hook waited until the last moment, when Peter was rushing right at him. Then he jumped into the depths of the sea without looking, and straight into the crocodile's jaws.

When the fight was over Wendy took the boys into Hook's cabin and pointed to his watch which was hanging on the wall. She said, 'half-past one. Way past your bedtimes!'

And put them to bed in the pirates' bunks very quickly.

They sailed most of the way back home on the pirates' ship. We don't need to tell you who the captain of the ship was! Half-way home, Captain Pan decided that it would save time to fly the rest of the way.

After being away from home for so long, did the children deserve to have the window still open, and their mother and father waiting for them to return? Of course not! But how else could it have been?

Mrs Darling had had many sad days since the children's departure sitting by the fire in the nursery. One evening while she was half-asleep by the fire,

Hak walczył już bez nadziei.

Widząc zbliżającego się powoli w powietrzu Piotrusia, ze szpadą wymierzoną prosto w niego, Hak wskoczył na burtę, chcąc rzucić się w morze. Nie wiedział, że w wodzie spokojnie czeka na niego krokodyl. Przestał tykać chwilę wcześniej, gdy zegar się w końcu zatrzymał.

Gdy Piotruś ruszył prosto na Haka, ten wyczekał do ostatniej chwili. Wtedy, nie patrząc, skoczył w morskie głębie, wprost w paszczę krokodyla.

Gdy bitwa była skończona, Wendy zabrała chłopców do kajuty Haka i wskazała na jego zegar wiszący na ścianie.

– Wpół do drugiej. Już dawno pora spać!
– powiedziała.

I szybciutko ułożyła ich do spania w pirackich kejach.

Większą część drogi powrotnej do domu przepłynęli okrętem piratów. Nie trzeba wam nawet mówić, kto był kapitanem! W połowie drogi Kapitan Pan zdecydował, że zaoszczędzą czas, jeśli dalszą drogę pokonają lecąc.

Czy dzieci, będąc tak długo poza domem, zasłużyły na to, aby okno nadal było otwarte, a mama i tata czekali na ich powrót? Oczywiście, że nie! Ale jakże by mogło być inaczej?

Pani Darling po zniknięciu dzieci spędziła przy kominku w pokoju dziecinnym wiele smutnych dni. Pewnego wieczoru, gdy siedziała przy ogniu na wpół śpiąca,

Wendy, John and Michael flew into the room and landed on the floor.

'Look, there are our old beds!'

'And there is mother, asleep by the fire!'

They went over to their mother and put their arms around her; and when she awoke to find her children home, she shouted for Mr Darling and he came running in to share her happiness.

There could not have been a lovelier sight; but there was nobody there to see it except a strange boy who was staring in through the window. He had many joys that other children can never know; but he was looking through the window at the one joy which he could never have.

Wendy, John i Michael wlecieli do pokoju i wylądowali na podłodze.

– Patrzcie, nasze stare łóżka!

– I mama śpi przy kominku!

Podeszli do mamy i objęli ją; a gdy ta się obudziła i zobaczyła swoje dzieci w domu, zawołała pana Darling, który przybiegł, by radować się wspólnym szczęściem.

Nie ma piękniejszego widoku; ale nie było nikogo, kto mógłby to zobaczyć, z wyjątkiem dziwnego chłopca przyglądającego się zza okna. Przeżył wiele uciech, których inne dzieci nigdy nie poznają; lecz patrzył przez okno na tę jedną radość, której on nie zazna nigdy.

CONTENTS

I. THE NEVERLAND   4

II. PETER'S SHADOW   16

III. THE CHILDREN FLY AWAY   28

IV. THE HOME UNDER THE GROUND   42

V. THE LAKE   54

VI. WENDY'S STORY   72

VII. THE RETURN HOME   86

SPIS TREŚCI

I. NIBYLANDIA 5

II. CIEŃ PIOTRUSIA 17

III. DZIECI ODLATUJĄ 29

IV. DOM POD ZIEMIĄ 43

V. JEZIORO 55

VI. OPOWIEŚĆ WENDY 73

VII. POWRÓT DO DOMU 87

Wszystkie tytuły z serii *Czytamy w oryginale:*

Moby Dick – Moby Dick

The Last of the Mohicans – Ostatni Mohikanin

Dracula – Drakula

Lord Jim – Lord Jim

Three Men in Boat – Trzech panów w łódce

Robinson Crusoe – Robinson Crusoe

The Secret Garden – Tajemniczy ogród

The Adventures of Tom Sawyer – Przygody Tomka
Sawyera

The Adventures of Sherlock Holmes – Przygody
Sherlocka Holmesa

Alice's Adventures in Wonderland – Alicja w krainie
czarów

Treasure Island – Wyspa Skarbów

Gulliver's Travels – Podróże Guliwera

The Wonderful Wizard of Oz – Czarnoksiężnik z
Krainy Oz

White Fang – Biały Kieł

Sense and Sensibility – Rozważna i romantyczna

Pollyanna – Pollyanna

Peter Pan – Piotruś Pan

A Christmas Carol – Opowieść wigilijna

Więcej informacji na www.44.pl